황홀한 반란

채 홍 정 시집

오늘의문학사

❑ 序文

단 한 번뿐인 인생
반추反芻하는 여유 즐기며
덕과 지혜로운 향 우러나는
부드럽고 고귀하고 보람 있고 멋진
남은 생 영유하려 합니다

밋밋한 일상 시선 멈추고
흘러가는 구름 한 자락에도
더 고운 시구詩句 떠올리려는 갈구渴求만이
굄 준 모든 이에 대한 보답이라 여기며

마음 안테나 세워
감사 주파수 맞추어
감사한 마음 수신하면서
세상 아름다운 구석 읊으려 합니다

자칫, 숨겨진 돌부리 넘어져
가슴 아픈 날 있더라도
그저 미소 지을 수 있는 화답으로
행복한 인연 줄 되려 합니다

"꿈이 없는 자는 죽은 것이나 다를 바 없다" 하시던
아버님 정훈庭訓 다시 되새기면서.

‖ ‖ ‖ ‖ ‖ **차례** ‖

1 찬란한 봄날

2 그리움이 머무는 곳

3 정 하나 준 것이

4 정겨운 삶의 섶 찾아

5 꽃보다 예쁜 미소

제1부

찬란한 봄날

설레는 봄

초록바람 감아 돌아
오가는 이 산뜻 맵시
설레는 봄 부추기니

고운 임 날개 단 천사
사뿐 스치는 바람결
꽃등 꽃봉 기쁨 두 배

싸리문 텃밭 장다리
봄 햇살에 가득 취해
노란 하늘 색칠하니

나서 자라 노니던 곳
떠나 있어도 봄볕에
갱기更起는 푸성귀 향내

봄맞이

봄 향기에
물씬 꽃바람
마음은 벌써 부자다

봄 햇살에
어찌 꽃뿐이리
싱글벙글 싹 트는 가슴

봄 정기를
천궁天弓에 실어 놓고
희희호호 봄을 캐려 가리다

(「문학사랑」, 2008년 봄호)

찬란한 봄날

남실남실 봄바람에
우리 사는 곳곳은
나날 꽃들 잔칫상

어디 가나 꽃 지천인
찬란한 봄날 맞아
꽃향내 물큰 속 헤집고
우리 어디라도 떠나자

4월의 태양이
어찌나 특별한지
꽃에 너무 홀딱 반해
꽃만 안고 사니까

황홀한 반란

봄볕에
홀랑 속살 부드러움이
훈훈한 흙 내음 미쳐

긴 터널에서
암팡진 찬가 외치는
화사한 꽃들 반란의 휫손[1)]

살랑거리는
황홀한 유혹 속삭임에
눈부신 애동대동한[2)] 간지러움

자지러진
두둑한 행복 나들이
여기가 바로 별천지 세상

(「문학사랑」, 2007년 봄호)

1) 휫손 : 남을 휘어잡아 잘 부리는 솜씨
2) 애동대동하다 : 아름답고 애듯하다

이우移禹는 봄

격정激情 솟구치던
아름다운 날
다투어 피던 꽃들 향연

어느 겨를
지향 없는 분분한 낙화가
이렇게 이우는 몸부림에

달궈지는 염정艶情에
하늘도 싸잡아 덮고 가린
뿜어내는 녹색 물결

더불어
번다히 영그는 청보리에
4월은 다소곳 가는가.

(「문학사랑」, 2009년 봄호)

딸기

철에 맞게
저절로 군침 도는
생동감 넘친 음미

과일로는
첫 번째 뽐냄이
새달콤 자지리 윙크

이처럼
자연은 긍정의 삽질에
축배 잔 만끽케 한다

간지러운
아기 하얀 웃음
나푼나푼 살며시 앉아

야리며
암팡진 빨간 구슬
싱그러운 봄 재촉에

겨우내
하우스의 정성
옹골차게 영글었네

(「시도」, 2007년 91집)

충익사忠翼祠[1)]

남한강 경관 운치 더 높인 정암루[2)] 이르니
의병 발상지다운 백마 탄 홍의장군
삼백년 전 세월 위상 배롱목꽃[3)]과 함께 반겨주고

18개 백색환 팔자형 횃불 의병탑[4)]은
남산 아래 의령천 하늘 구름다리[5)] 끼고
망우당 후예답게 높이 솟은 불꽃 정열 하늘 찌르니

사당 앞 반송은 짙은 녹음 내음 더욱 푸르고
최고령 모과나무[6)]는 그날 되돌아보라며
조국 수호 원하려면 의병들 자취 본받으라네

조상 없는 후손 있을 수 없듯
나라 없는 겨레 자유로울 수 없음에
여기, 의병의 거룩한 혼 영원히 살아 빛나리

(「대전문학」, 2009년 가을호)

1) 충익사 : 경남 의령군 의령읍 중동리 소재로, 忘憂堂 곽재우 장군 (1552—1617) 사후 충익이란 시호, 임란 때 최초 의병 곽재우장군과

17장령 사당과 기념관 충의각 건립 (1978년) 1972년 이래 매년 4월 22일 추모 행사 거행

2) 정암루 : 의령관문

3) 배통나무 : 흔히 목백일홍이라 함

4) 의병탑 : 2007년 건립, 망우당과 17장령 횃불 상징

5) 구름다리 : 의령천에 조성된 수변공원 위 하늘 향해 높이 솟은 관광명소

6) 모과나무 : 우리나라 최고령 280년 추정, 도기념품 83호 지정

백제의 숨결 · 5

— 황산벌

꽃 피고 열매 맺은
백제 칠백 년이
억새꽃 햇볕 사이로
시야 반짝 꽂힌다

낙엽 쌓이는 만추
황산벌 충혼 스멀스멀
하얀 미소로 반기니
깍듯 옷깃 여미고

천 년 전 세월 그때
어찌 우리야 알랴만
황토 흙이 증표 남아
지금은 곡창인 황산벌

한 맺힌 충신 통곡
하늘도 땅도 서러워
들국화 연년 피어
찬바람만 요란하다.

(「미래문학」, 2005년 12호)

백제의 숨결 · 6

대의멸친大義滅親 뒤 계백장군 황산벌 충절
오천결사대 구국 위해 토하던 용맹정신
무너진 오백년 왕조 어디 가 찾아보나

백척간두百尺竿頭 백제 운명 남가일몽南柯一夢 이르니
낙화암 절벽 풍덩 한 묘령妙齡 삼천궁녀
찾아 온 손길 슬픈 옛날이 섧다 체읍네

전년 고칠 고란사 백마강 굽어보며
그때 망국 사연 강물 위 띄어 놓고
돌릴 길 없는 거룩한 충심 함께 띄우건만

천년 숨결 역력한 백제 넋 감탄사
찬연했던 백제 향기 곳곳 되살아나니
후예 된 벅찬 가슴 만큼 숙연도 한 아름

(「대전문학」, 2007년 36호)

독도 아리랑

백두대간
정기 불끈 솟아 넘친
동해 끝 외따로 작은 용암 섬 둘

반만년
겨레의 따사한 손길
괭이 갈매기도 알건만

청사青史 앞에
알랑쇠가 웬 소린지
가증스런 촐랑이들아

오늘도
너희들 귀엔 들리지 않니
독도 내 사랑 아리랑이

(「시도」, 2005년 88집)

대청호

호수 등 업고 가파른 구룡산 올라오니
천년 달음절[1)]이 호수를 안고 살아
반짝인 은빛 물결 위 불게 가슴 활짝 열고

경상, 전라, 충청, 삼도봉 물줄기 모여
뱃길 이 백리 휘감아 머문 저 장관
수 십 억 톤 청정수 충청의 넓은 마음

오늘도 먼 바다 꿈꾸며 달려가는 길에
도당산 공원 소나무 푸르고 더 푸르고
우리네 젖줄 너그럽게 껄껄 웃는다

(「문학시대」, 22호 2009년)

1) 달음절 : 현암사의 옛 이름.

갯벌

천애 자연 그대로 자유로운 깃발 아래
처녀막 터지는 생명들의 거드름이
지평선 너머로 가득 훔쳐보는 그리움

어루만지다 기워내는 정열적 성화로
크고 작은 자욱마다 넘치는 재롱이
하나로 버무린 매혹, 진흙 위 늪 풍경

언제나 볼거리 먹거리로 축복 받고
추억이 되살아나 맞장구치는 곳
인간 자연이 그리는 노을빛 저 선경아

(「문학사랑」, 2005년 봄호)

이 가을 다 가기 전에

그대 떠나간 신작로 갓길 따라
산들바람에 한들거리던
코스모스가 아른거려 가려 합니다
이 가을 다 가기 전에

만추로 물던 산비탈길
찬이슬 흠뻑 젖은 들국화 향기
임 입김처럼 울컥해 가려 합니다
이 가을 지물기 전에

지금은 흩날리는 낙엽에
고즈넉한 달빛만 찾아 울가망[1)]하여도
사랑이 머문 자리기에 가려 합니다
이 가을 잊을 수 없어

1) 울가망 : 근심스럽거나 답답하여 기분이 나지 않음

연화蓮花

세파 모든 것
귀마저 막고
역한 냄새 진흙탕
가슴 쓸어 담드니

지난 아픔 갖춰 놓고
맑은 햇살 고이 받아
속없이 웃음 짓는
영롱한 저 자태

불잉걸로 솟은 자비 향
지나가는 나그네
아는지 모르는지
그저 즐기는데 자지러진다

(「시도」, 2005년 88집)

우수雨水

청명한 하늘 아래
금빛 은빛 실은
알롱이는 다슨 햇살

진동한동[1] 겨울 끝자락
저 따지기때[2] 소리
해맑은 아가 옹아리로
더없이 벙긋 웃는 봄

더군다나 다소곳이
촉촉 내린 비에
남녘은 이미 꽃봉이라지

(「대전문학」, 2006년 34호)

1) 진동한동 : 바쁘거나 급해서 서두는 모양
2) 따지기때 : 초봄에 얼었던 흙이 풀리려 하는 때

멜랑콜리한 계절

아스팔트 위 스잔히 낙엽 구르는 도시는
한량없이 쓸쓸할지언정

숲길 위 떨어지는 낙엽은
햇살 받은 이파리들 장난 끼로
은은 물드는 나뭇잎 다갈색 여운으로
햇살 받아 홍건 맺힌 이슬 풍광는 낙엽으로
노을 한줌 빛 숲 헤집어 발산는 광채로
온몸 휘감는 매혹의 산실, 선사한 감촉으로
여염 불꽃 시끌시끌 이글거리며
노란 설렘 붉은 그리움 더불어
콧등 시큰둥케 태우는 볏짚 내
멋진 계절 로맨티시스트(romanticist) 인데

거친 풍우 세월 견뎌온 나무들
미련 없이 떨구는 비움의 지혜
난, 부끄러워 이루다 말 못하니
확실히 멜랑콜리한 계절인 듯

(「문학사랑」, 2008년 겨울호)

만추

지난 기억 잔영殘影
바람에 낙엽 흩날리듯
휘영청 밝은 달빛 따라서
감미로운 손짓 애간장 끓이고

짧은 해는 풍성한 갈무리
처마 끝 대롱대롱 매달리니
스산한 마음 어디론가
이다지 훌쩍 떠나고 싶은지
붉게 탄 이 가을에

거둬들인 옹골찬 보람
흐뭇한 너털웃음 절로 나나
다가올 하얀 고독 어느새 품어
그리움만 키워라

천상의 나팔(엔젤트럼펫)꽃

꽃들은 다들
푸른 하늘 햇볕 좋아라
저 나름 생긋방긋
요망 떨며 야단법석이거늘

한 해 일곱 번이나
곱다시 연분홍 나발로 너볏한[1] 너
언제나 땅만 보고 자지리 윙크로
퍼주기 바쁜 네가 부럽다

바스러진 세파 흩어진 기억
숱한 세월 가슴팍 촘촘 안고 담아도
좋은 날이 곰비임비[2] 되는 비결
너로 하여 깨우친다.

1) 너볏하다 : 아주 번듯하고 의젓하다
2) 곰비임비 : 물건이 거듭 쌓이거나 일이 계속 일어나는 모양

인생 엘레지

새벽 깨우는 산 오솔길
얼굴 할퀸 그리운 바람
달빛에 길 묻노라

지는 노을 아롱진 날
실어 보낸 세월 종적 묘연토록
이 넓은 광야마저 씨부렁거리며
하나 둘 아스라이 멀어져간다

허울만 그럴 듯
달려온 길 양심 가책
어디쯤 머물러 버리고는
정해진 운명 기꺼이
고요히 남은 생이라면 족할는지

낙엽 엽서 띄웁니다

하늘이 높아
어딘가 가고픈 날엔
흩날리는 낙엽에
아로새긴 정겨운 미소
바람결 닿을 듯 말 듯합니다.

갈꽃 웅성대는 둔치 서니
스치는 바람 그댄가 하여
정체 된 침묵 깨고
피어나는 꽃 한 송이
애틋한 그리움만 여울집니다.

메마른 가슴
촉촉이 적셔주는
묶어 둔 정다운 얼굴
맺힌 가슴에 잇닿아 알랑방귀로
못살게 일렁얄랑 속삭입니다. 그려

많은 날 기다림
그대가 머문 곳
물처럼 흘러 닿을 수 있게
들뜬 맘 모아 담아 실어
낙엽 엽서로 소식 띄웁니다.

고즈너기 스미는 정
낙엽이 다 지기 전에
보쪼록, 흔괘힌 간망
임의任意로운 만남으로
고대하는 심중心中이랍니다.

(「문학사랑」, 2011년 봄호)

별빛 찬연한 하늘 밑에서

저 별 같이 성실 다한 이들 앞에
난, 그러지 못한 것 같다
수많은 별들 같이 슬기 넘친 이들
밝게 맑게 같이한 삶 빛나도
나라는 인간 늘 초지일관初志一貫에

상대를 내 반쪽이라도 생각한다면
대서럽지 못한 것 고수하려고
괄시, 증오에 상대 맘 상케끔 하여
시기, 질투로 비롯된 불화
우리 삶엔 존재치 않았을 것이거늘

벌써 더럽혀진 맘에 바라본
상대는 상대의 얼굴이 더러움 일뿐
탁한 눈이 본 내 모두가
탁하게 보일 수밖엔

저산 너머 자비 계곡
비움 바위 밑
자비스러운 청정수에

눈 씻고서 맘 유리알처럼 닦으렵니다

감관感官 다시금 챙겨
모두 비워서 고요 깃들이고
세상 아름답게 할 행자로써
그네들 같은 삶 그대로 실천하렵니다
별빛 찬연한 하늘 밑에서

(「문학사랑」, 2010년 가을호 특집)

제2부

그리움이 머무는 곳

도자기 · 1

발길에 차이는 흙
도예가 얼이 서려
불火의 신비로운 조화
눈부신 환생

세월에 때 묻은
비단옷 곱게 차려 입은
어머니 흑백 사진 보는 듯
정겨운 감회 새로워
뜨거운 눈시울

고요 속 흐르는 감미로움
여인의 나신인 양
능선 따라서 현혹된 매력
고고한 우아로움

(「대전문학」, 2005년 33호)

도자기 · 2

여체의 곡선 돋보이는
섹시한 노출보다
갖추어 입은 은은한
복고적復古的인 아름다움

감추기엔 너무 예쁜
보이기엔 너무 야한
멋진 눈요깃거리 매혹
도도해 콧대만 높아라

(「해정문학」, 2006년 15호)

산은 언제나

기다리지는 않아도
찾으면 산은 언제나
기다렸다는 듯
꽃길 활짝 열어놓고

초목은 바람 따라서
분수 맞게 알랑대고
앞서거니 뒤서거니
온갖 날짐승 반기는데

계곡처럼 깊게 패인
그리움만 퐁퐁 솟는
약숫물 한 모금에
세상 시련 함께 꿀꺽

(「시도」, 2005년 88집)

그리움 머무는 곳

가을 잔칫상 분주한 10월
도시 생활 벗어난 발길
하소동[1)] 산기슭에는
오가는 이 옛 추억에 몽롱

샹들리에와 촛불의 멋
함께 어루만지는 정감
동심 끈 휘어감아
철모르던 그 시절 싣고
물레방아는 돌고 돌아

마당엔 모닥불이
하늘엔 둥근달에
부풀어 가는 가슴
사랑도 이 가을 따라잡아
얼마나 더 영글어 질지

1) 대전 동구 하소동 만인산 가는 길목

너무나 삭막하다

요즘 어디가나 재개발 붐에
불도저는 뭐든 닥치는 대로 삼켜
자고나면 동네고 산이고 간 곳 없다

가는 곳마다 쌍둥이 닮은꼴
아파트 공화국화 되어 가니
모든 것 너무 낯설다

살다기 보면 때론
기억 서랍 속 간직된 곳
가보고 싶은 건 인지상정이건만
생각했던 것보다 얄밉게 달라져
추억 상실감 혼란스럽다

시공간 가로질러
침잠해 있던 지난 기억 풍경들
그리운 건 그리운 그대로
그냥 두는 것도 좋으련만….

(「문학사랑」, 2010년 가을호 특집)

우리네 고향이 사라진다

철따라 꽃 피우고
새들 노래 향연 펼쳐지는
아름다운 우리네 고향

난관難關하여도
안분安分하며 살아온 것이
그토록 큰 잘못인지
쥐락펴락[1] 녹록錄錄케 보고서

지각없는 도회지 사람들
가고 난 쓰레기 빈축 지겨운데
이제는, 아예
뒷동산은 골프장
앞산은 돌 깨는 공장
심지어 강물 뒤집어 골재채취장…

누대累代 지켜온 아기자기 모습
요절내는 저 굉음 삽질에
우리 부모 가슴 옥죄건만
개발 앞세운 막무가내 공사로

우리네 고향이 사라진다

철없을 적
천방지축 뛰놀던 옛 동산
애면글면[2] 우리를 살찌운 어머니 땅
다 스러지기 전에
너, 나 따로 없이 힘 모아
고향 멍드는 참상에 반기를 들자
높은네 계시는 얼찬이[3]들 각성케

(「문학사랑」, 2009년 가을호)

1) 쥐락펴락 : 권세가 당당하여 남을 마음대로 부리는 모양
2) 애면글면 : 약한 힘으로 무엇을 이루려고 온갖 힘을 다하는 모양
3) 얼찬이 : 정신이 똑바로 박힌 사람

억새 밭에서

은빛 억새 물결 타고
서걱 흩날리는 그리움
국향에 가을은 짙어
어디론가 길 떠나는 맘

화창한 눈부신 하늘가
부서지는 조각구름
그리움 님 알 곳 모르는
귓가 스친 바람 소리

소나기

밤낮 찜통더위 8월
목탄 생의 감로수로
뜨거운 대지 식혀 줘
사랑 먹고 살아 행복다

생을 지닌 것들 다
사랑 줄 땐 인색해도
받으면 흡족한 눈빛에
얼씨구질씨구 좋아 야단

(「시도」, 2005년 88집)

앞서 가는 논산

전국 내라는 젊음 다 모여
내 조국 사수 하늘 덮은
계백장군 후예답게
반세기 자리매김 한 곳이

시대 흐름 뒤질세라
천년 숨결 관촉사 끼고
밝은 미래 여는 요람지搖籃地로
건양 건아들 뛰고 있고
강경 포구 맛깔난 젓갈
옛 명성대로 나날 뜨고
늘 푸른 가슴 탑정호 아래
광활한 하우스 영농 재배 단지
딸기, 방울토마토, 전국 주름잡고
연산 대추, 양촌 감, 탐나게 풍성
호남 중부권 매개 구실 한 몫에
은진 미륵도 좋아 빙그레

밤낮 따로 없이 너와 나
사람살이와 자연 한통속 어우러져

선진 건설 깃발 앞세우고
톡톡 튀는 논산아

(「논산문학」, 2005년 4집)

추억

계절 삼키고 간 바람
세월 이랑 따라잡아
이제 빗장 거둔 그리움
손길 맞잡고 다가와

장독대 곰삭혀 둔
상큼한 맛 설레임처럼
마냥 꽃구름 하늘 가리고
빈 둥지 밀어로 깨어나
샛별 되어 반짝 빛나

오솔길 돌다리 건너
저만치 간 흔적들
유리창 너머 알알이
갇힌 밤 뒤척이며 떠돌아

(「대전문학」, 2010년 48호)

금강산

닿는 곳 골골 능선이
신선 노닐던 곳인지
이리 봐도 절경이요
저리 봐도 비경이네

봉마다는 전설 얘기
바위마다 절로 웃음
계곡마다 뿜는 폭포
다소곳이 보란듯이

철 맞게 멋쟁이 이름
어이 개명에 족하리
그림으로도 글로도
다 표현 못 할 감탄을

저마다들 큰 탄성에
못 본 이는 한 되고
보고나면 또 보고픈
아— 겨레 상징 영산아

(「문학사랑」, 2007년 여름호)

외로운 보상

전설은 세월 속 살아남아
가버린 오솔길이
내가 나를 꺾을 줄 모르고
넉넉했던 웃음 겁도 없이 달려온다

이젠 곰삭은 지난날이
허풍선 되어서
너부시 허허벌판 가로지르고

저 너머 다른 기억마저
외로운 보상인양
보따리로 장사진 이룬다

농산물 시장

그곳은 언제나
새벽 깨우는 순박한 꿈이
모닥불 지피고 장사진이다

싱싱한 농산물이 먹거리로
목구멍 따귀 맞고도 좋아하는
미식가 마님들 호들갑에
그네의 삶 무게도 함께 이고 업어
기친 손 연륜 쌓인만큼이나
번개처럼 아침 햇살 가른다

치열한 삶 속엔 아름다움 있기에
구슬땀 뒤엔 보람찬 환희 있기에
유행가 못지 않는 불야성 이루고
그네들은 희망 싣고 달린다

(「문학사랑」, 2007년 가을호)

세정의 물결 · 6

넘쳐나는 수입품 등살
음식 문화 웰빙 바람 불더니
우리 의식주 일거일동
웰빙에 칭칭 감기 듯 산다

한땐 목 터지게 외친 신토불이
이젠 아예 꼬리 내리고
마시는 물도 웰빙 서슴없으니
우리 얼마큼 만끽하고 있는 건가

살아남기 위한 최대 수단
정도正道 벗어난 겉치레 상술에
진짜가 짝퉁도 같고
짝퉁이 진짜도 같은 세상

서로가 믿을 수 있는 사회
모든 것 양심 저울 그대로라면
나부대는 저 물결 속
웰빙 함부로 남용 할 수 있을가

(「문학사랑」, 2006년 여름호)

나날 더 새로워

— 장년부 총회에 즈음하여

사제불이 정신 이어받아
언제나 다사롭고 희망찬 곳
삶의 활력소가 샘물처럼 솟아
향기 그윽 묘법 꽃 피는
인생 성불 성전

넘실넘실 행복 물결 위
번뇌 즉 보리 타고 넘는
인간혁명 선구자들이여
세상 다 가진 느낌 그대로
민중 속 행복 씨앗 심어
나보다 우리 더불어 열반문 여는
창가학회 깃발 아래

부처의 사자 횃불 높이 들고
뉘에게도 지지 않을 3약진 운동(심신, 인격, 행동)
희망 주는 인생의 등대로
민중의 지팡이로
나날 더 새로워
위풍 늠름함이여

하늘엔 영광이 땅엔 축복을

— 김 추기경님 선종 즈음에

세상 모든 허물 사랑으로 덮었던 김 추기경님
섬김과 베풂의 삶으로 평생을 다한 김 추기경님
우리에겐 큰 스승이요 큰 별이었지요
아니 온 누리 사랑을 남긴 분이시지요
"머리와 입으로 하는 사랑은 향기가 없다"는
봉사와 헌신의 삶으로
우리는 무엇에 그토록 목말라 있었기에
이웃의 눈물 한 번 닦아 줄 손수건이 없었기에
사랑을 눈으로 보고 손으로 만질 수 있게 된 것이기에
사랑의 실체를 본 것입니다
종교와 이념 벽 허물은
애도와 탄식, 저 추도 강이
홍수로 범람하는 조문 행렬
너와 모든 이를 위하여
분열과 갈등에 다리 놓아 주시고
남에겐 너무도 관용하셨던 사랑의 성자
김수환 스테파노 추기경님
끝도 없이 이어지는 추도 물결이
서로 챙겨주는 사랑 축제로
우리 삶에 더 길게 이어지는 기쁨 되게 하셨으니

우리에 크나큰 사랑 남기고 가신 분이시여
이젠 모두를 우리에 맡기시고
하늘엔 영광이 땅엔 축복을
고이 편하게 가시오소서

* 2009년 2월 16일 선종

하특何特, 무지개 세상

늙으나 마음은 젊어
남녀 만남이란 좋으나 보다
점심 핑계 삼은 게
차조차도 신바람이다

알쏭한 낭만에 젖어
발채 된 입, 가슴은 펌프질
묻지 마 관광 방불케
우린 노래 춤 뒤풀이로
찌든 일상 잊은 채 한껏 부풀다

희희낙락 켕긴 설렌 맘
햇볕 난 빗길 차는 후미진 곳 넘으니
하늘 땅 하나로 보듬은 무지개가
우릴 뭉클한 감동 한층 솟구치게 해
동심 세계로 되돌아온 듯
호들갑이다

산모롱이 돌아 넘을 적마다
머다라니 산등선 따라 어김없이

연이은 형형색색 별천지 창출
자연만이 주는 만유루없는 극치라
몽롱함에 도취된 순간
마냥 무아경無我境이란다.

* 충남 논산시 벌곡에서 평촌까지 연이어 뜬 무지개 감탄에 2007. 8. 14. 17시

신륵사에 가면

봉미산 자락
천년 고찰 풍경소리
나그네 마음 숙연한데

개발 근대화로
땜질한 세계 도예전
고깃값 못한 채
천년 길목 막고
끔벅끔벅 졸음 쫓고

남한강은
그 옛적 그립다 애원해도
유람선은 샌님 닮아
배 두들기며 굉음 낸다

(「해정문학」, 2006년 15호)

제3부

정 하나 준 것이

단 하나뿐인 사람아

1
단 하나뿐인 사람아
가벼운 바람 감미로운 향 실고 온다
저 불어오는 바람
얼마큼 큰 사랑 줄까

당연히 널 사랑함에
세월 따라잡아 가고 있다
가냘프게 오들오들 떨며 가고 있다
청초해진 꽃봉오리
널 위해
영원을 위하여

2
혹 세파 시달려
널 잊었다면 용서해 주렴
지나친 욕망,
헛된 소망 날 괴롭혔어도
널 생각하는 마음 그대로 이다

너 말고는
하늘엔 별도 달도 없는 밤이다
내 생의 행복
다 너의 생에서 시작인 줄 알라
사랑하는 사람아

3
정열 깍 껴안은 꿈의 궁전에
헤어날 수 없는 육체 염정艶情에
사랑의 축연 불꽃
사랑의 맥박
무아경 빠진 혼몽昏懜에
우리 생명 무한토록 창조하여
세기의 밤이 심장 쿵쿵 울리었다

단 하나뿐인 사람아
봄이 대지를 밝게
대지를 충만케 하듯
넌 봄답게 따습고 부드러운 숨결로
가슴 열어 성스럽고 숭고한 곳 포용해

내게 생동감 넘친 희망 줘
감동코 감격했다
지친 영혼에
네 영혼 불어넣어 잠들게 했다
사랑하는 사람아

4
시름 그지없는 달밤이
날 닮아 오늘밤
은하수 금강 와 노니니 겨울 밤 지샌다
싸늘한 원앙 베개 서리꽃 겹겹다
차가운 비취 이불
뉘와 함께 잠자리할까
너로 하여 잠 못 이루어 섧다

지쳐 쓰러진다 한들
어이 쉬 잊으랴
모든 것 다 모아 보내니
주저 말고 오라
사무친 기다림

곱다운 꽃 마냥 반기려니
마음 상큼하게 서둘러 오라
단 하나뿐인 사람아

5
단 하나뿐인 사람아
생명의 광야
널 영 머물러 있게 하리라

내 생명 있는 한
널 영 곁에 있게 하여
선녀 소맷자락 나부끼듯
널 고이 보듬고 싶다

동심 같은 순결한 날로
진정 살기 위하여

(「대전문학」, 2008년 41호)

척애隻愛 · 1

어두운 밤
당신 가시는 길
청사초롱 밝히려니
뜨겁게 안아 아픔 덜어줘요

당신이 가시다가
정녕 뿌리치고 싶다면
여명의 종소리 울리는 날
기꺼이 웃으며 보내줘요

내겐 고귀한 당신
언제나 밝은 모습
먼 발취서 달래는 위안
반짝 별은 아니나봐요

당신은 훗날
나 잊을 수 있어도
난 지금 모습 그대로
폭염의 해로 이글대며 울부짖을래요

(「시도」, 2005년 88집)

척애隻愛 · 2

그대는 아는지
입 속만 맴도는
사랑한다는 말을

한 발 뒷전 서서
마냥 헛심으로
남몰래 가슴 찢는
혼자 앓는 상사병을

모닥불로 피어나는 혼
그대 가까이 할 수 없기에
신금에 불길 이글거려
타다 지친 한줌 재를

(「시도」, 2005년 88집)

척애隻愛 · 3

난, 허깨비로
당신 창에 머물다
스쳐가는 바람이 될래요

그대엔 보잘 것 없는 존재라
아예 더부살이 바랄 수 없기에
마냥 당신 창 밝히는 달로 족할래요

언제나 오늘처럼
당신 곁 맴도는 걸
사랑 한다 여기며 지낼래요

쓸모없는 줄 알건만
당신을 밉도록 그리며
빙하 같은 고독 삼킬래요

척애隻愛 · 4

꽃베고니아[1)]

불러만 주신다면
실내 청정한 공기로
우아하고 화려한 꽃으로 피어
당신을 즐겁게 할래요

반겨주신다면
나, 하나쯤 불살라
무엇인들 못 하리오

때론 분신이 되어
최후 만찬으로
입맛 돋우려니 받아 주실런지요

1) 꽃베고니아 : 꽃이 우아하고 아름다우나 잎의 형태가 좌우대칭으로 어긋나 있어 짝사랑이라 붙었다는 것, 꽃 색깔은 흰색과 핑크색.

사랑은 하나

허구한 남자 여자 틈바귀 속
한 남자 한 여자 점찍은 사랑
영혼에 영혼으로
신뢰 거듭 나뉜 성스러움

솜같이 다스고 포근한 살결로
밝고 맑은 눈매에 몸맵시로
감미롭게 흐르는 물 같은 말씨로
날롬한 싸쌀스러운 첫사랑으로
서로 꺼질 줄 모르는 용광로

몸과 마음 하나로
영원한 사랑 주머니
가득 채운 환희의 꿈나라는
늘 푸른 초원

정 하나 준 것이

1
사랑보다 빵 위한 하루살이 풋사랑일 줄
그렇게도 사랑한 사람이 짝퉁일 줄
사랑하는 이와 정말 잊어야 할 사랑일 줄
미처 사랑한 사람이 배신의 무릎 꿇 줄
마음에 멀어져 지워버려야 할 이름일 줄

영유領有의 사랑 주머니 비우고 있어야
또 다른 사랑 채울 꽃 피어날지라도
헤어져야 하고
잊어야 할 사랑 앞에
일찍 뉘우침 간과看過
이렇게 아픔인 줄을

2
같이 선택한 길은
아름다운 꿈이었지

눈비가 와도
바람이 멎지 않아도

함께 청춘을 묻자던
약속은 찬란한 봄날이었지

저무는 세월에
이기적인 사랑이 버거워
지난 날 되돌릴 수 없어
내 안에 그대 없음에

들숨날숨 할 때마다
그대 향한 가슴 시린 그리움
위선이 아님을 알는지

(「문학사랑」, 2010년 봄호)

알는지 모를는지

날마다 아침은 오고
눈부신 해는 뜨건만
이제 저제[1)] 그리움에
목매고 부른 이름아

알다가도 모를 일 빛은
6월 그날 잊지 못해
내가 미워질만큼이
이제나 저제나 기다림

영산홍 저녁노을에
구곡간장 찢어지고
끝모를 사념 바다로
몽땅 앗아간 님아

차가운 거리를 걷고
어둠을 먹고 살아도
피할 수 없는 님 생각
사무친 오늘도 가네

죽고 싶어도 못 죽는
이 목숨 이리 모진지
마디마디 서러워서
눈물이 나를 떠미네

둘이 서로 새긴 정
남모르게 새긴 사랑
터질듯이 아픈 가슴
알는지 모를는지요

미치게 약속한 님아
그제 사랑 불러 모아
내게로 돌아와 주오
새로운 마음 웃으며

반추해 보면 그리운 것
괜스레 우습다 말고
모두 뿌리치고 와 주오
부르고 죽을 내 님아

(「대전문학」, 2008년 39호)

1) 이제 저제: 이때나 저때나

미끄러지듯 오라

노을 짙은 서녘 하늘가
티 없는 맑은 미소
내 가슴 기쁨 충만하다

향상 너 기억 속에
네 향기 간직한 하나가
온몸 가득 풍겨
내 삶 가운데 자리 잡고 성숙 한다

금강에 불어오는 바람 타고
계룡산 돌아 보문산 지나서
불덩이 가슴에 미끄러지듯 오라

내 마음 그대 것
그대 마음 내 것
언제나 함께할 선아

영원을 향하여

꽃망울이 터져서
붉게도 물던 꽃이 만개로 피듯
사랑은 말로 다 할 수 없는 짙은 향

바닷물이 말라도
바위가 부서져 흙이 되어도
세상 만물 다 변할지라도
우리 사랑은 영원할지니

금이야 옥이야
소중히 여기는 선아
평생토록 불러도 지치지 않을
내 사랑 선아

태양보다 뜨겁게
기쁨 넘치도록
영원무궁 입맞춤 하리

꿈의 궁전

염원에 영원히
푸른 동산 두둥실
어하 둥둥 내 사랑아

아침 햇살에
몽실한 꽃봉 이슬
투명한 생명 감싸 안고
꽃밭에 취한 영혼

우리 염정 꿈의 궁전에
한량없는 사랑담아
살아 있는 날 다하여

복락원福樂園

삼라만상
고이 잠든 새벽
둘이 살짝 맺는 연심戀心

두 팔 펴고
어서 오라 생긋 윙크
감흥感興 솟구치는 감동

가쁘게 가물거림
베일 벗는 순수한 본능
황홀경恍惚境 비밀의 신비

생의 연줄로
일궈 낸 숨결
쾌락에 얼룩진 복락원

꿈속의 여인

행여 놓일세라
허리춤 잡고

신의 은총 있을 때
잡으려 안간힘

푸른 초원 손 맞잡고
살포시 포옹하는 눈부심

오묘한 숨결
꽃잎에 닿는 황홀감

지금은 멀리 있어도

그대와 난, 빛과 그림자
그대 신드롬 향수에
끝 모를 애모의 정
언제까지나 가슴 짠하다

세상사 틈바귀에서
눈앞에 전개 되는 헛된 꿈
사랑의 존엄성 묻어버리지 않으려고
잡힐 듯 잡을 수 없음에
사랑 결핍증이 두 뺨엔 눈물 어린다

오늘도 넌,
향기로 다가와 향기 풍기어
온통 온몸 감고 돌아
미치게 사랑하면서도
섣불리 사랑한다는 말 아끼련다
오직 한 곬으로 집념될 날까지 서둘지 않으리
아직도 사랑할 날 많고 많음에

꽃을 봐도 덤덤하다

너로 하여 참 많이 아파
너로 하여금 참 많이 울지
너 있는 곳 단숨 가고 싶어도
너 있는 곳 못 가 고개 숙이지

탐스러운 넝쿨 장미꽃
너 본 듯 반기려 하지만
널 대신 할 수는 없어
꽃을 봐도 덤덤하다

그리운만큼 시나브로[1)]
너에게로 열망이 앞질러 가는구나
네가 있으므로 내 너 안에 있고
내가 있으매 너도 내 안에 있음을

그리움이
강물 되어 넘쳐
스쳐가는 바람이 소맷자락에
네 입김인 양 들뜬 마음 담고 싶어도
자꾸만 나약해지는 나, 어쩜 좋아

1) 시나브로: 모르는 사이 조금씩 조금씩

인생은 외로운 것

산다고 하는 것이
외로움 속에서
허비적거려야 하는 것을

울지 마라 울지 마라
혼자 왔다가 홀연 가는 것이니
외로울 수밖에 없잖은가

이러이러하거늘
찾아 헤매어라

산도 오르고 들녘도 달리고
그리하여
기쁨이 마음껏 나래짓하게
아니, 사랑의 미소 멈칫 못하도록

(「대한민국 시화전」, 2009년 11회)

사랑앓이

흐뭇한 축복 아래
마음 놓고 짐 풀어
널 의젓하고 의연히
새 단장 꾸미고 맞아
포근한 꽃 침대 위 껍질 벗겨지니
너의 교태 더 영글게 하여 날 황홀케 하고 싶다

거칠게 뛰는 맥박
뜨거운 포옹 연속
감미로운 불길은
밤 제단 앞에 노래한다
시간아 멈춰라, 행복한 지금의 흐름을
시샘 많은 시간이 어이 자꾸 달아난다

고귀한 향 지닌 네가
내게로 와 머물 적
이 생명 멎는 날
다가온다 하더라도
달콤한 사랑 탄식 네 곁 떠날 수 없다
모두가 시새우는 참사랑이 거듭나서

네 있음에 도움이
네 있으므로 기쁨이
너로 인하여 행복이
너로 하여금 영광이
네 있어 자디잔 거품 위 잘다란 섬광이
네 있어서 말로 다 못할 꽃다발 사례다

눈 위 새기는 삶이라
자욱이 쉬 지워져도
내후년 지나 한없이
그 자리를 표標하리
기쁨은 언제나 괴로움과 맞물려도
강물이 고요 흐르듯 그래 영원 사랑하리

너를 보내면서

— 막내딸에게

30년 넘도록 그렇게나
미운 오리 짓에
마음 어지럽게 하더니

새하얀 드레스 깜직한 천사에
사월이 더욱 눈부시어
기쁨과 아쉬움 갈림길
마냥 눈물이 강물 되는 구나

사랑한다. 미운 오리야
이젠, 지나온 둥지 훌 잊고
순풍에 깃 단 새 출발
아름다운 세상 보람지게
희희낙락한 삶 영유뿐이지

곱다는 일만 골라 한 이뿐아
모든 것에 긍정적 사고력은
내일을 살찌게 한다는 걸 알지

네가 가는 길마다
꽃길 활짝 피어 있으라고
너털웃음에 늘 춤춰 줄게야
흡족케 못다 한 섭섭한 맘 위로하면서

(「문학사랑」, 2010년 가을호 특집)

세밑에 서서

태어난 값
해야 한다는 것
그리 쉬운 일 아니라지만

보은덩이에 오는
끝모를 삶 도량道場[1]에
인간다운 꽃이 되어

함께 울어 줄
바다 같은 가슴으로
풋풋한 정 폴폴 소유케 하여

이 티끌세상[2]
살아감이 힘겨워
뉘 어깨가 절실할 무렵

아픈 손잡아
맑고 따스한 눈물로
감싸 안아 줄줄 아는 날갯짓이

못 잊을 세월 속
설렁, 선택한 일로 하여
어떤 결과 온다고 할지라도

그저 사랑으로
부족함 다 메울 수 있는
실다운[3] 숫짐[4] 그대로 담아

야린 가슴에
구김 없는 꿈 줍게
모두를 넉넉한 포용에 포옹으로
말없이 사랑하게 하여 주

(「대전문학」, 2011년 51호)

1) 도량(道場) : 불도(佛道)를 닦는 곳.
2) 티끌세상 : 복잡하고 어수선한 세상, 진세(塵世), 진계(塵界).
3) 실답다 : 꾸밈이나 거짓이 없이 참되다.
4) 숫지다 : 순박하고 인정이 두텁다.

우리 사는 동안은

언제나 화사한 햇살 선연鮮姸하여
갖갖 꽃 피고 온갖 새 지저귀어
계절마다 아름답기로 소문 난
이토록 신바람 나는 세상
만남과 인연으로 어우러졌으니

빗장 친 마음이라면 활짝 열어
복합적 사고, 다양한 감정 다 버리고
가슴에 피 흐르는 날까지
서로 손 잡고 마음의 밭 가꿔
더 넓게 용서하고 뜨겁게 보듬어야할 게야

우리가 살아오는 동안
그리운 씨앗만 마냥 심어놓아서
못다 한 정 안달 나 눈시울 적셔도
세월은 무심히 오늘 가고 내일 오니
이대로 어찌 머물고 있으랴

양보와 이해의 길 터고
진한 정으로 달인 차로 마주앉아

지나온 영상 어렴풋 연상하며
숨 쉬는 동안은 긍정의 삽질로
더 많이 사랑하고 밝게 웃어야할 게야

(「문학사랑」, 2010년 겨울호)

제4부

정겨운 삶의 섶 찾아

이것이 행복

모두가 마음가짐 일념一念 방향 의해
인생의 행 불행幸 不幸이 크게 좌우 되듯
사는 동안 주어진 환경 시련 극복이다

별은 밤낮 가리지 않고 늘 빛나건만
광열한 태양에 가려 낮엔 볼 수 없듯
물질에 눈멀면 작은 행복도 볼 수 없다

행복은 재산, 사회적 명예 모두 벗어난
끝모를 내적인 대 환희의 경애다
이 경애를 불괴不壞로 구축하는 실천이다

강한 생명력에 좋은 생각 나들이는
끝없는 파도 출렁임도 환희로 맞아
시시때때 만족함이 치아치신治我治身이다

삶 질곡 핍박 없는 진정한 사랑이라도
다시 뒤돌아보는 여유로운 자세가
팍팍한 삶에 참된 갈구가 아닐는지

(「시도」, 2005년 88집)

정겨운 삶의 섶 찾아

1
인생은 생로병사 피할 길 없으니
어둠 속, 암흑의 먼지 속 가기 전
사는 동안 유연히 기쁨 넘쳐 살아야한다

우리에겐 화려한 생명의 순간 있기에
멋지게 풍요롭게 사는 것은 당신 자신이다
어리석고 쓸쓸한 인생으로는 살지 마라

"천만인이 반대할지라도 난 가리라"하며
의연한 신념 지닌 사람 되어 전진하라
존경받는 아버지로, 자비로운 어머니로,

살아 있음이 곧 기쁜 것, 슬픈 것 아니니
저녁노을은 온화하고 아름답게 저물 듯
마찬가지로 인간도 그래야 하는 게 아닌지

"곳간에 재보보다 몸의 재가 뛰어나고
몸의 재보보다 마음의 재가 제일이라"
새로운 것 배우는 사람은 늙지 않으리

희망, 용기 잃으면 50세도 노인이요
불타는 맘 전진은 80세도 청춘이라
자랑스러운 행복 깃발이 펄렁거릴 게다

2
오늘 내가 빈천함은, 베풀지 않았음 알고
자식이 나 돌보지 않거든 뒤 돌아보아라
내 부모 내가 편히 모시지 않았음 안다

탐욕 많은 사람은 금을 얻어도 불평에
남 고통 외면하며 알토란같은 재산 모았지만
상대는 내 얼굴, 그를 통해 나를 보지 못함이다

가진 자 보고서 질투하지 마라
베풀어서 그렇고, 없는 자 비웃지 마라
베풀지 않으면 너도 또한 그러하리라

현세 고통은 내가 지어 내가 받는 것
사랑 머무는 곳엔 항상 천사가 있듯
뿌리지 않고서 어찌 거두기 바라지 마라

오래 살며 고통 보면 부모지천 원인이고
불구자식 껴안았다면 부모 불효 과보니라
내 몸이다. 내 입이다. 마음대로 하였음이다.

짜증내고 원망하면 그게 바로 지옥이니
오늘 고통 달게 받고 좋은 일 많이 하면
서방정토 여기 있으니 맘 정진해 성불하세

비상구를 탈출하라

돌보기로 꼼꼼 봐도
요것이 조것 같고
조것이 요것 같다
요사로운 조화 속은

깊다면 얼마 깊어서
헤집고 헤집어도
알 듯하다 알쏭달쏭
다 찾은 길 혼자 발버둥

회색빛 겨울 지나면
살포시 새봄 오듯
언젠가는 찾다 보면
비상구는 있을 테지

(「시도」, 2005년 88집)

숨어 있는 바람 소리

큰 상처 지우려고
가슴 헤집으며 울던 날
눈 시도록
애끓는 바람이여

검은 그림자
가슴 찢는 아픔이
묵정밭 앉아
새벽달 따라가 새살 돋는다

귀밑머리 풀은 가시버시
인연도 메말라
숨어 있는 바람 소리

(「문학사랑」, 2005년 가을호)

바람아 멈추어다오

어쩜, 웬 이런 변이
궂은 일 마다하지 않아
뼛골 쑤시고 아파도 말 못하고
남들 다 가는 세상 구경
휭— 한 번 못 가고
오직 남의 자식 부럽지 않게
쉽게 벌게 공부 시켰더니
출셴, 지 잘나 출세한 양
혈기 끊어진 지금에아
가슴 터져 너덜난 소리
"너 떡은 너, 내 떡은 내"라네
이 꼬락서니 좀 보개나

살아 온 세월 보다
켜켜이 쌓이는 저미低迷
햇살 그득한 그날 더 아름다워 하며
야윈 손 떨리는 술잔 기운다

(「시도」, 2007년 91집)

거지주머니[1)]

떠오른 햇살에 티 없이 맑은 웃음
서로 마주 보아도 사랑땜[2)] 향기가 짙어
우린 벌 나비 훨훨로 꽃길 함께 두둥실

깊고 깊은 밀월 세상 가늠마저 잊고
불타는 가슴 불볕더위 왔다 질급하니
동경 늪에 빠져 여름도 삼켜 버렸지

낭만의 계절아 가는 청춘 어쩜 좋아
할 일 다 한 낙엽 친구하자 반기니
역겨워 산산 부서지는 서러움 어이 하리

어제 불던 꽃바람 거지주머니로 남아
하얀 지킴이 둥지엔 찬바람 윙윙
간간히 정적 깨트리는 방귀 소리 뿐

윤회생사 시범 도장 우리 사는 세상
지는 별 허무코 뜨는 별 좋아 웅아
종착 보이니 후회 없는 여정인지 열없다[3)]

(「대전문학」, 2007년 37호)

1) 거지주머니 : 열매가 여물지 못한 채로 달린 껍데기
2) 사랑땜 : 새로 지내게 된 것에 얼마동안 사랑을 쏟는 일
3) 열없다 : 좀 개염적고 부끄럽다

세상사 염도厭覩

뉘 저울질하기 전
자신 됨됨부터 점검하면
결코 경고망동 삼가 할 것이다.

잘난 이 건 못난 이 건
주어진 시간 기회 균등하나
시간을 어떻게 활용한 가치 차이다.

있고 없음엔
인간 풍요로움 높낮이지
슬기로이 사는 접목엔 불가능하다.

살아가는 동안
남과 비교하며 살지 마라
행복하게 사는 비법 하나다.

떨어지는 꽃잎
바람 탓 한들 어찌하랴
기우는 운엔 아무 소용없는 것

삶 승리한 사람은
내 안에 적 있음을 알고
30년 한 곳에 쏟은 결과다

참된 사랑 있는 한
산이 바다 되고 바다가 산 되어도
기필코 묘책 사랑 속에 찾아야 한다.

크나큰 일 안 했으면
큰 성과 기대마라
지나친 과욕 화 면하기 어렵다.

한 번 뱉은 말
다시 돌이킬 수 없으니
구사일언九思一言 생활화로 삶 추구하라

나이가 듦에는
새로운 생 구축하라
바로 이것이 인생 보람 알 것이다.

(「대전문학」, 2010년 50호)

그대 세상 보기

그저
오늘이 있게 된 건 아닐 게야

애꿎은 삶에
덩그러니 남은 외톨박이
빼곡히 쌓인 비애 짊어지고
한 번 웃을 걸 두 번 웃고
두 번 울 걸 한 번에 그치려
묵묵무언 달린 광야
땀 찌든 옷에 꽃바람 사뿐
보석보다 값진 눈부심아

그대가 꿈 접지 않는 한
사막에 내다놔도 살 그대는
든든한 이웃과 함께 있음에
힘 실어 달리려므나
어디 가도 포근한 손길
푸르름으로 반기려니

(「미래문학」, 2006년 15호)

개망나니

오곡 영그는 들녘 알알이 번져
산모롱이 굽은 곳곳마다
찬연히 빛나는 조상 은혜 감사에
꼬리 문 벌초 차량행렬로
고속도로 기능 마비상태다

조바심할 아들 모습 선하지만
이젠, 거북이걸음마저
꺼지지 않은 엔진소리 주차장에
파김치 신세 한탄 절로 난다

계실 때 개망나니
지금은 거드름쟁이로
남의 손 언제 벗을지 모른 채
대열 짝퉁 노릇 진기 빼는 가엾은 존재

갚음 없는 사랑
이어받아 피어주는 꽃만으로
어버이는 기쁜 보람이란 데 하며
울컥한 가슴 눈시울 뜨겁다

(「시도」, 2006년 89호)

등대

캄캄한 밤바다로
빛 비추는 걸 천직 삼고
오늘밤도 빛을 쏟는구려

칠흑 어둠 혼자서
이내 몸 불살라
방향 알리는 생명의 빛을

슬퍼도 괴로워도 묵묵히
망망대해 지평 떠있는 배 향해
바닷길 밝힘이 보람차서

광풍 휘몰아치는
고적한 날도 어김없이
빛을 발하는 넌,

마음씨 갸륵한
바닷길 지킴이
영구불변 터줏대감

(「문학사랑」, 2010년 가을호 특집)

일촌광음불가경一寸光陰不可輕

내가 가는 길
행복해질 권리가 있기에
비 오고 바람 부는 고샅길 가도
엄연히 오늘을 꿋꿋이 살기 위하여
화려한 생명의 순간 찾기 위하여
고뇌라도 유연히 기쁨에 감싸여 살기 위하여
월계수 산들바람 기쁨 맛보기 위하여
일촌광음불가경一寸光陰不可輕

내가 바라는 것
화려함 지닌 보석 원하는 것보다
단 하루라도 보람된 삶 위하여
가장 무르익은 인생 승리자 되기 위하여
위선에 가면 쓴 인생 되지 않기 위하여
원숙한 알토란같은 인생 되는 날 위하여
일촌광음불가경一寸光陰不可輕

고독한 들러리

다들
목적 달성 위해
눈딱지[1]로 목청 높이고

세상은
온통 서로서로
광대로 분단장하고 야단

허구 속
묻혀 살아야하는 현실
덩달아 따라만 간다

바본양
멍청이 그저 살려고만
주인공 아닌 들러리로

1) 눈딱지 : 보기에 험한 눈

족쇄 채우는 소리

불꽃처럼 살다 이슬같이 가고 싶으나
먼지처럼 눈같이 쌓이는 정 때문에
어제처럼 그렇게 오늘도 가버린 허탈

어둡고 스산한 계단 한 백년 오르다 마는 삶
산정무한山情無限 속에 산중귀물山中貴物 캐서 먹으며
일소일소一笑一少 세상, 의뭉스럽다[1] 하여 좋으련만

천년 지랑하는 하 비웃는 해살[2]에
잔잔히도 흘러가는 순하고 순한 눈빛을
일노일노一怒一老 세상, 웬 뒷덜미 후려치는지

1) 의뭉스럽다 : 겉으로는 바보 같지만 속으로는 엉큼한 데가 있다
2) 해살 : 남의 일에 짓궂게 훼방함

또 한 번 기적 신화 위해 다함께

— 한반도 대운하 붙혀

한 시대가 가고
실용 시대 세상이 막을 열었다
국민 모두 이말 결코 헛되지 않기를…

세상사 슬픈 무지로
암흑 상처투성이로 엉키어
나란 존재 진가 아니 알아줘
꿈이 놓아준 다리 통하여
설렌 가슴 영광과 환희 잉태 가늠
이제 여기 머물게 하려 함이
동민에서 기지개 켜려한다

하늘이 도우시어 웅지 펴고
바람과도 명랑하게 지껄이는
더불어 살 터전에 웅대한 윤택 위해
국민으로 하여금 사랑 받아 물길 내리라
설령, 햇빛 못 본다고 우겨도 과감히

과일이 입안에 기쁨 되어 녹아들 듯
너희들 품고 있는 저력 여기 실어

거짓 빛깔 아닌 동경 속 웃음으로
불꽃 희롱하는 매혹의 젓줄로
저 바다가 발산하는 시원스러운 기운으로
모든 이의 시선이 시새우는 사랑으로

(「대전문학」, 2008년 40호)

인력시장 풍경

1
저력 다 쏟아 바둥친 어제, 늘어쳐진 육신
초점 잃은 눈망울 고생 망태 어깨 메고
새벽하늘 바라보는 새카맣게 그을린 얼굴

꽃 피고 새 우는 정든 고향 등진 팍팍한 마음
기다림에 도통 난 초라한 모습 꼴사나워
겉도 속도 멍든 몸 허리 접고 어리마리[1)] 지친다

현실 그대로 기약 없는 내일이 매몰차건만
질긴 목숨 죽음 아니라면 어쩔 수 없기에
팔려 가면 행운 못 팔리면 허탕 떨군 고개

2
허공 띄어버린 막노동 댓가가 시름겨워
깡다구 오기가 앞 다퉈 몰아치는 허탈감
쓰린 가슴팍 톡 쏘는 소주로 우격다짐

순진한 양 닮은 순종 삭이는 것 먼저인양
그 속에 항변 없는 시대 불만 어이할지

진종일 소줏잔에 내일도 잊고 비몽사몽

희생하며 양보하며 살자고 하던 인내도
살아도 그만 안 살아도 그만인 자멸의 늪
하소연 대변할 곳 없는 절박한 삶이여

(「문학사랑」, 2008년 가을호)

1) 어리마리 : 잠이 든 둥 만 둥 한 모양

청사青史에 할 말은 있게끔

조선의 얼이
서울 관문으로
한민족의 상징으로
오랜 풍상 지켜온 세파
단청丹青 2층 누각 숭례문이여

홀연히
긴 5시간 불꽃 속
버티고 버티다 와르르

지키지 못한 청사의 죄인아
화려한 꽃이 졌다고
어이 애통 한탄만하리

할 말 잃은 아픔 치유 위해
이젠 다시는 없을 불멸의 문 위해
보다 나은 새 생명 영검으로
세세 영겁 되게 하겠나이다.

* 2008. 2. 10. 20시경 숭례문 소실에 즈음하여

푸념

어제는 세월 따라가다가
앞 추스르기에 헐레벌떡
숨차 주저앉아 돌아보니

오늘, 어느새
청춘은 오간데 없고 흰 머리카락에
뼈마디 파고드는 찬바람

내일 어찌 하려나
진작 오달진[1] 인생 진수眞髓
당차게 챙기지 못한 씻을 수 없는 오점

그러하다고 하여
남은 날 철딱지 없이 어정버정
오나가나 꼴불견 천더기
이래서는 안돼야 할 건데 여기니
눈앞 번갯불이 번쩍

1) 오달지다 : 허술한 데가 없이 야무지고 알차다.

대혼란

귀 어둡고 눈도 멀어지는
나, 나도 이젠 꼴불견 되나 보다
지켜 온 규범 쓰레기 더미 뭉뚱그리니
누구와 이런 저런 논할 길조차 잃고
바람에 쫓겨 구름 가듯 멍청이
밤마다 고독의 창 열고서
세상 혹독하게 앓고 있다

호통 시대가
모짝 빠지니 영,
세상 변두리로 밀려나 있는 그림자

(「문학사랑」, 2008년 여름호)

고주박잠

작열한 태양 유월 정오
사노라 지친 몸 노그라져
시원한 바람 식곤증 부추겨
곤드레만드레 꿈나라다

망치소리마저
굴레 벗은 망아지로 주인 잃은 지금
너 나 할 것 없이 달콤한 찰나주의니
마냥 곤드레만드레다

나오나 들어가나
일상에 쫓긴 육신이라지만
현재 이 시간만은
푸른 하늘 높이 자유로이 나는 새

더 나은 내일을 약속하자

8월 밤 갑천이
국내 최초, 최대, 최고, 수상뮤지컬로
새로운 탈바꿈 변신
대전의 긍지 한결 돋보이도다

4일간 20여 만 명 성황 운집에도
관람객 수준 높은 질서유지로
가슴 뭉클진 환호성 박수갈채
대전에 사는 게 보람차서
어깨가 으쓱하도다

물 위에서
갑천 밤하늘 상공에서
늘 푸른 넓은 양편 둔치 위에서
눈부시게 펼쳐진 조화로운 감흥
우리가 지닌 또 하나 자랑거리라
가슴 뿌듯하도다

아, 잊을 수 없노라
짜릿했던 순간들 추억을

삼위일체(출연자, 조명, 관객)가 함께 버무린 이 보람
우리 힘 모아 다시 내일을 약속하자
오늘 만족에 머물지 말고

(「대전문학」, 2009년 46호)

* 수상뮤지컬 갑천공연 2009. 8. 13~16
제12회 갑천문화제 수상 뮤지컬 갑천 백서

제5부

꽃보다 예쁜 미소

꽃보다도 좋은 시기

맞벌이 탓에
아들 내외 신혼은
시간에 쫓기는 주말 부부다

함께 있어도 안달 나는
꽃보다도 좋은 시기
세상 다 준다한들
어이 신혼과 맞교환 하리

미련에 아쉬움 교차로
서로 눈만 끔뻑이고
말로 다 못할 달램으로
돌아서는 그 모습에
나도 울컥 토하고 만다.

(「문학사랑」, 2010년 가을호 특집)

재롱 꽃

새 봄날 맞아
싱글벙글 꽃들 속삭임
제아무리 곱다들 하여도
손자 재롱 꽃에 비하랴

발맘발맘[1)] 재롱 꽃
눈에 삼삼 아른거리는 꽃
좌불안석이 백리길 마다하지 않고
이웃집 드나들 듯 주살나다

티 없이 까르륵 웃는
평화로움 그대로
하루 다르게 새로이
해탈의 찬미 공존
이보다 더 좋을 수 있으랴

이젠, 계절 따라붙다 힘겨워
자꾸 꺾이는 길목 선 아쉬움
사랑스러운 손길 묻어나는 정
내리사랑이라서

그저 함께만 있고픈 마음

1) 발맘발맘 : 한 발씩 또는 한 걸음씩 길이나 거리를 제는 모양

꽃보다 예쁜 미소

"남의 일엔
오뉴월에도 손 시리다"는 것처럼
남 돕는 일 쉬우랴만
버스 3번 갈아타고 3시간 소요에
오지 벽촌, 격일제 근무도 며느리는
항시 구김 없이 흠흠하다[1)]

"고래도 칭찬해 주면 춤춘다"더니
부추긴 대가인지 출근길 돕게 돼
승용차로 오가는데 2시간
고유가 시대 수고비 실랑이로
번번이 자중 되었던 시아비
오늘 다소 어깨가 우쭐하다

날이 가고 달 지날수록
드레지고[2)] 웅숭깊은[3)] 곱다운 맘씨
돌아오는 길 자꾸 눈에 어려 뭉클한 감정
저녁엔 삼삼한 삼겹살 노릇 구우며
세상사 다 그렇고 그러하다 해 봐야지

1) 흡흡하다 : 얼굴에 흐뭇한 표정을 띠고 있다.
2) 드레지다 : 사람 됨됨이 가볍지 않고 무게가 있다.
3) 웅숭깊다 : 생각이나 뜻이 크고 넓다.

외동딸

오냐 오냐
바람이 불면 어쩔까
혹 땅이 꺼지면 어쩔 건가
30여년 꽃단장에 금이야 옥이야 키워
눈에 넣어도 아프지 않을 외동딸
바리바리 싣고 가더니

새벽 버스 세 번 갈아타는
출근길 3시간이라니
아스라 아사라
사돈 내외 부네부네하는[1] 소리
귓전 윙윙 자지러진다.

말 마오, 사돈 내외요
배 아파 낳은 딸 아니라서
우린 북 치고 장구 치며
저 별 보고 노래 부르고
저 달 보고 춤추며
밤낮없이 훙얼훙얼 콧노래 부른다오.

(「대전문학」, 2010년 49호)

1) 부네부네하다 : 소리 내어 우는 모양

영예로운 한 송이 꽃

— 조카 농학박사 즈음하여

인고의 세월 앞에
묵묵 무릎 꿇은 보람
오늘 환희의 깃발은
가문 영광이요, 꽃이구나

이제 명실 공히
대덕요람 둥지 털어
꺼질 줄 모르는 집념 불꽃
북돋고 가꾸니

그 앞길 더 높이 날아
정상 뛰어넘어
또, 깜짝 놀랄 서광 향해
우리 모두 함께 파이팅

신혼 느낌 그대로 살거라

— 아들 결혼에 즈음하여

처음 만날 적 향수 그득히 서로 맞아 주며
바라 봐도 좋은 신혼 느낌 그대로 살거라
사랑이 있는 한 사는 묘법 그 속에 있으니

잘못일랑 감싸주고 잘한 걸랑 칭찬하며
서로 믿음과 소망 한 마음으로 엮으며
하늘 높이 날아라 더 먼 곳 볼 것이니

행동거지 가깝고 먼 사이 훌 벗어나
윗분들에 사랑 받고 아랫사람엔 정 주어
보는 사람마다 칭송 받는 삶 살거라

(「문학시대」, 2008년 21집)

행주치마 윙크

핍박한 항아리 삶에도
행주치마 윙크로
새벽 깨운 어머니로 하여

함께 한 아버지
순박한 꿈 허리춤에 달고
파란 희망 안은 일벌레로

우린 밝은 눈망울에
여린 가슴 날개 단 천사로
세월 비웃었거늘
어언, 의젓한 중년

종심從心인 자투리 삶
허리 굽고 눈마저 멀어도
행주치마에 쏟는 사랑
항상 예나 같으니

우린 아직껏 그 품속
행복에 걸려 비틀거린다
사랑 묘약에 취해 빈둥거린다.

간절한 소망

1
아들딸아 부부는 한 이불 사랑이지만
칭찬을 게을리 말며 잘못을 감싸주면서
가까운 정 돈독 위해 항상 서로 존경하라

가려운데 긁어주고 아플 때 더 관심 쏟아
두터운 신뢰, 믿음, 사랑으로 대화로 타협하면
처음 만난 그 느낌 그대로 새록새록 할 거야

2
아들딸아 하나같이 키워 뉘 입고 고우랴
동기간 사이좋게 어려움엔 돕고 격려하되
댓가 바랄 생각 말고 줄 땐 미련 없이 주어라

아들딸아 친가 처가 편파 행위 삼가라
다 낳고 길러주신 부모 마음 무한량하니
자주 뵙고 안부 묻는 걸 보람이라 여긴단다

아들딸아 잘 사는 비법 근면 아낌이다
아껴도 써야 할 때는 주저 없이 행동하되
건강 잃으면 다 잃는 줄 알지, 각별히 유념하라

3
아들딸아 엄벙덤벙 살지 마라 늙어 후회한다
인생 잠깐이다. 젊어서 다부지게 챙기면
헛된 인생 살지 않았노라 속삭일 것이다

아들딸아 어두운 곳 손 보듬어 밝혀 주라
정 많은 따사한 향 세상 삶 질 폴폴 나니
부족할수록 나눠어 주는 여유 필요하다

4
아들딸아 교육은 더 높이 더 멀리 보면서
불가능한 것 얻을 수 있게 강하게 키우면
무엇이든 할 수 있고 이룰 수 있게 될 거다

각자 적성 맞는 분야에 집중 투자하라
세계화 시대 걸 맞는 열정이 성공 모체가 되
결국, "나는 세계 최고" 임을 발견 할 것이다

(「대전문학」, 2009년 43호)

애향송

근품산 자락
어머니 베틀 소리에
아버지 너털웃음이
고샅길 따라 살구꽃 피면

톡톡 튀는 뫼 바위 허리
넘실거리는 비단물에
피라미 쫓아 멱 감고

들녘 황금알 영글면
앞서거니 뒤서거니
산야 덩달아 울긋불긋

연연娟娟한 숨결 이어 온
향교 뒤뜰 눈 녹이는
추상같은 선비의 고장

세파 벽 암만 높다 해도
지혜로워 넘치지 않으며
서로 정 다독이고 사는 곳

허구 많은 곳 중
언제까지 때 묻지 않을 여기
나, 태어나 흐뭇다.

(「문학사랑」, 2005년 봄호)

사랑은

사랑은
꽃이 나비 부르고
나비 꽃 찾아와 웃으니
평화로운 전당입니다

사랑은
사람을 성숙케 함에
숭고하고 거룩하여
아름답다들 합니다

사랑은
보고 싶어도 그리워도
오랜 참음과 기다림이
승리자가 된다들 합니다

사랑은
세상에 가장 큰 기쁨임에
함께 할 사람 꼭 필요하나
가장 억제키 힘든 위험도 있습니다

사랑은
그리울 적 눈 감으면
더 잘 보이는 건 사랑하는 사람이고
잊으려 지우려하면
더 많이 생각나는 게 사랑이라서
다들 사랑의 방정식이랍니다

사랑은
온다고 하지 않았어도
애타도록 기다려지는 것은
"사랑 한다"는 감사의 표적이랍니다

사랑은
아낌없이 주면서도
준 만큼 받고 싶은 것은
복에 겨운 사랑에 지나친 욕이랍니다

골방 할아범은 싫어

공주 셋에 아들 태어나
나보다 몇 갑절
좋아한 당신

대학 졸업 전 직장 구해
객지 떠나는 아들 못 믿어
냉큼 따라나선 당신

아들 짝지으면
골방 신세 면하려나 했더니
맞벌이 주말 부부에 며느리 임신
손자 볼 기쁨만큼이나
시린 밤 깊어 간다.

세월 흐르는 대로 살자고
마음 다독여 보지만
지나온 날 그립고 아쉬워
가끔 바람난 들 고양이 마냥
선술집 갸웃거린다.

부딪치는 소주잔

"아빠, 생신 축하드려요
몇 시 도착 예정인가요"
아들 딸 손자 손녀들은
기다림에 지겹다며
판박이로 한 목소리고
동기들은 열정 넘친 강요로
야경 좋은 팔공산 어떠하나 주살나고
호젓이 한 끼 갖자는 숙이마저 유혹하고
저녁 함께 하자는 친구들 대로 야단
핸드폰이 손 떠날 수 없게 요란하다

항상 한결같이
오늘 같으면 얼씨구나 좋으련만

가까운 정 다 묵살코
눈 뜨고 나면 마주치는 동료와
파도 포호 속 생태 한 마리 감회로
부딪치는 소주잔에 질그릇 맛
이보다 기쁜 정겨움 더하랴

병원 가는 날 · 1

— 비는 오는데

사랑하는 그이
아기자기 손끝도 맵더니
생활 리듬 잃고 병원 간다

탈진 된 모습
더 초조하게
차창밖엔 비가 죽죽 내린다

사는 길 멀다고
내일로 미루다가
이젠 병원 문 닳는 그이

조금 더 일찍
서둘지 못한 죄책감
운전대 앞 유리 성애마냥 자욱다

병원 가는 날 · 2

— 둘이 서로 영원을

언제나 갓 피어난 꽃망울로
세월 강 따라잡드니
건강, 행복이 깊어가는 가을
그이 시름겨워 하며 병원 간다

아직은 이른 나이
야윈 그이 모습 보니
지난 날 못다 한 사랑
무너져 내리는 상념

하늘엔 뭉게구름
그리운 동산 되어 방실
그이와 함께 하자고
영원을 약속했건만

병원 가는 날 · 3

— 입원한 아우를 보고

누구보다도
옹골지게 살아 온 네게
암담한 이런 일 올 줄

무슨 말 필요하랴
널 보는 순간 참았던 슬픔
어찌하면 좋을지
내가 지금 너래도
이렇게 쉽지는 않을 께야

맘은 언제나
네게로 가 있으나
산다는 것 다 무엇인지
형답지 못한 죄의식 저 별은 알까

삶엔 희비가 있어야
사는 맛 알 수 있다지
네 집념으로 용기 기르자
밤이 가면 밝은 아침 오듯
기필코 완쾌 될 께야

하나밖에 없는 아우야
힘내자, 아우야

만가輓歌

— 성묘를 하면서

고향 찾아 와도
반기는 손길 없으니
무거운 발걸음에
고향마저 비어 있습니다

따스한 봄 어느 날
어머니 무명 앞치마에
봄나물로 가득함이
새로 되살아난 그리움 뿐입니다

어머니 손끝에 묻어난
구수한 된장찌개 맛 대신
오늘은 진달래꽃으로 피어나
정감 어린 목소리로 맞아주나요

언제나 한결같이
마음 한 자락 깔고 앉아서
새벽 정안수로 하루 여신 당신은
자식 위한 뜨거운 희생으로
이끌어 주셨던 그 사랑

모르고 살아 왔습니다

가슴에 눈물만 높게 한 자식
생전에 못다 한 마음
가슴 속 각인 된 맺힌 슬픔
말없는 당신앞에
이렇게 눈물로 고합니다
불효막심한 자식이

늦은 뉘우침

노퇴로 뒷짐만 진 말로에
사랑에 몹시 데인지라
어느 한 곳도 벙끗거릴 일 없다

하는 짓 거슬려도
정다심에 혼쭐나서
못 본 척 못 들은 척이 상책일 뿐

혹시나 역정 내면
되레 하는 대로 거동이나 보란 듯
콧방귀로 시종일관에
버림받은 눈칫밥 어안 벙벙하다

둥지 벗어나
제아무리 잘 나가는 세상이여도
항시 예나 같은 사랑에
긴 밤 잠 못 이뤘거늘
이제야 알겠다 놀아나는 이치를

닥쳐오는 건 다 묻고 살자
이젠, 살만큼 살았으니
더는 생각 말자
그럭저럭 살다가 볼밖엔

이게 오늘날
어르신네들 현주소라니
개탄 괴탄 또 개괴탄

(「대전문학」, 2010년 47호)

종합병원 응급실에서

이제 제법 아장아장 잘도 걸어 다니는
순하기로 소문이 난 돌 지난 손자 놈
서툰 레지던트로 인해 땀에 멱 감는다

지난 달 예방접종 피 검사할 적엔
'아' 할 뿐 그저 보고 있던 우리 순둥이
오늘 어리고 어린것이 초죽음 한다.

듬성듬성 보건만 지 부모 제쳐놓고
내 품안 벗어나지 않으려 하는 녀석
안쓰러워 아린 마음 눈물이 왈칵 쏟는다.

아가야, 고뿔마저 이 할아비 죄다 주고서
자고나면 하루가 새로운 오월 신록처럼
도담도담 웃음꽃 주는 나날이 꿈이란다.

(「문학사랑」, 2010년 가을호 특집)

이삿짐을 챙기다가

짧지만 않은 삶
자취 속 잃어버린 기억
손때 묻은 고품들이
구석진 곳 먼지 범벅인 채
망각 세월이 희롱해롱

이만큼이나 멀리 왔나 여겨지게
영 지워버린 준 사랑이
남은 향기에 뭉클한 가슴
살아온 날 다시 그리움으로

버리려하니 아쉬움에 좌불안석
가져가자니 여전히 천더기

끝장에 이르러
단념하고 휘각揮却하니
왠지 몰래 뒤통수가 부끄럽다

(「문학시대」, 2009년 23호)

잠시 머무는 세상

싱그러운 태양 빛
그대로 받아 버무린 지구는
어김없는 자전과 공전 의해
계절마다 신비롭다 못해 눈부시게
영구불멸 돌아가거늘
우리네는 그러지 못하고서
어째, 속절없는 신세타령인지

뭔가 잃어버린 것 같은 마음
뭔가 빠져나간 것 같은 빈 가슴
그 많은 바람 아쉬움 남겨둔 채
저 능선 넘어 어디론지 머물려고
저 하늘 높이 어디론지 가야할 곳
구차히 잡으려고만 할 것 있는지

올 땐 부모님 은혜 입은 것부터
혼자는 살 수 없는 인지상정 순응대로
서로 챙겨주고 보듬어 주세나
잠시 머무는 세상사는 날까지
삶에 버거워 휘청거리면
더욱 사랑의 손길로

(「문학시대」, 2010년 24호)

늙어도 자기 몫은 있다

1
할 일 없다 이곳저곳 빈둥빈둥 늙은이여
할 일 찾으면 여기저기 허구 많은 게 우리 몫
함께 한 맘 모아 이웃을 웃음바다로 출렁출렁

"늙어서 뭘 한다냐"는 선입견은 자멸이니
이제라도 뉘 위한 희망 주는 멋진 삶 여유로
더 많은 꽃 피울 수 있게끔 할 나비가 되세

2
오늘은 이 동네 슬픔, 내일은 저 동네 아픔
서로 다독이고 껴안는 정 샘처럼 솟아나게
못다 하고 산 지금부터 깨 쏟아지는 재미로 솔솔

연륜 훌 벗고 기름진 살찐 세상 솔선수범
오른팔 한 일 왼팔 몰래 쉬엄쉬엄 살짝
남은 나날 아름답게 보람지게 살다 가세나

(「대전문학」, 2008년 42호)

오버 센스가 불거진 소동

여느 날보다 늦은 밤 연이어 핸드폰도 집 전화기도 무응답에 조바심과 공포 연속이 날밤 지샌 새우잠 아직 어둑발 아침 6시, 어젯밤 연상이 가시지 않아 웅크린 마음 그대로 이골 난 생활 시작이다.

일각이 여삼추라 시간은 제자리 맴돌아 호들갑이 딸에 불똥도 역시나 오리무중, 급한 나머지 함께 기거하는 며느리는 격일제 근무 중인데, 퇴근 서두르라고 하였으나 촌각 다투는 순간은 가슴 방망이질로 목엔 소방차 물 호스 갔다 댄다.

울가망[1)]하다 못해 모든 게 손 잡히지 않는 송곳방석, 만약을 대비하여 차 시동 걸어놓은 초비상상태의 도탄지고塗炭之苦 그제야, 손자 놈 감기로 잠 못 자고 깨서 집안 벨소리 모두 차단하였다는 걸 맞받아 "그 방법이 최선인 게요", 볼멘소리로 뚝.

볼수록 하루 다르게 재롱부리는 놈으로 인해 그렇게 된 것 뭐라고 할 말 없지만, 께끄름치 못한 여음 부글부글 끓어 매몰차게 핸드폰 끊고 나니, 더 신중치 못해 딸 며느리까지 동원된 난리굿에 열없다.[2)]

한참 지나서야, "종념鍾念하는 당신 깊은 마음에 천려일실千慮一失 하여 미안하오, 하여튼 웃음 꽃다발 안겨 준 녀석

잘 챙겨 고마워요. 복 두꺼비야, 튼튼히 덩실케 잘 커야 한다." 말 하고 나니 마음 한결 가볍다. 이게 세상사 인간사 사는 게 아닌가 싶어.

1) 울가망 : 근심스럽고 답답하여 기분이 나지 않음.
2) 열없다 : 좀 개염적고 부끄럽다.

황홀한 반란

채홍정 시집

발 행 일 | 2011년 2월 1일

지 은 이 | 채홍정
발 행 인 | 李憲錫
발 행 처 | 오늘의문학사
출판등록 | 제55호(1993년 6월 23일)

주 소 | 대전광역시 동구 삼성1동 125-6 한밭오피스텔 401호
전화번호 | (042)624-2980
팩 스 | (042)628-2983
홈페이지 | http://www.lito77.co.kr(홈페이지)
전자우편 | hs2980@hanmail.net

ISBN 978-89-5669-424-5
값 7,000원